La crise financière
des Églises d'Afrique

Églises d'Afrique
Collection dirigée par Denis Pryen

Depuis plus de deux millénaires, le phénomène chrétien s'est inscrit profondément dans la réalité socio-culturelle, économique et politique de l'Occident, au point d'en être le fil d'Ariane pour qui veut comprendre réellement les fondements de la civilisation judéo-chrétienne. Grâce aux mouvements d'explorations scientifiques, suivis d'expansions coloniales et missionnaires, le christianisme, porté par plusieurs générations d'hommes et de femmes, s'est répandu, entre autres contrées et à différentes époques, en Afrique. D'où la naissance de plusieurs communautés ecclésiales qui ont beaucoup contribué, grâce à leurs œuvres socio-éducatives et hospitalières, à l'avènement de plusieurs cadres, hommes et femmes de valeur. Quel est aujourd'hui, dans les domaines économiques, politiques et culturels, le rôle de l'Église en Afrique ? Face aux défis de la mondialisation, en quoi les Églises d'Afrique participeraient-elles d'une dynamique qui leur serait propre ? Autant de questions et de problématiques que la collection « Églises d'Afrique » entend étudier.

Dernières parutions

Louis BIRA, *Consacrés africains, pour quoi faire ? Redécouvrir la fonction sociale des vœux religieux*, 2015.
Louis BIRA, Jean BONANE BAKINDIKA, *Le mystère de la trinité*, 2015.
Joseph BELEPE, *Formation et ministère propre des catéchistes au Mai-Ndombe, L'héritage de l'abbé Basile Mputu Nzemba*, 2015.
Samuel MAHEDA MA NSONDE, *L'africanisation de la musique chrétienne*, 2015.
Jean Olivier BOULINGUI MOUSSIROU, *L'Église internationale de Nazareth au Gabon, Délivrance et possession matérielle*, 2015.
Ilunga KANDOLO KASOLWA, *Pour un modèle inculturé de réconciliation en RD CONGO, Une approche chrétienne des pratiques traditionnelles de réconciliation*, 2015.
Olivier NKULU KABAMBA, *La modernisation du pouvoir dans l'église catholique. Défi et atout pour la nouvelle évangélisation*, 2015.

Stanislas LONGONGA

La crise financière des Églises d'Afrique

Conséquences sur le ministère des prêtres

© L'Harmattan, 2016
5-7, rue de l'Ecole-Polytechnique, 75005 Paris

http://www.harmattan.fr
diffusion.harmattan@wanadoo.fr
harmattan1@wanadoo.fr

ISBN : 978-2-343-07254-8
EAN : 9782343072548

Je dédie cet ouvrage à la grande famille Longonga, en souvenir de mes 20 ans de vie sacerdotale.

Introduction

« A chaque continent ses défis »

En lisant les articles, les livres et les journaux, ou en entendant les discours et les propos des journalistes à travers les différents médias occidentaux, il y aurait lieu de croire et de conclure que les défis de l'Occident sont aussi ceux de l'Église universelle. Tel était également le constat lors du dernier Synode sur la famille en Octobre 2014 à Rome.

Appelé à livrer ses impressions, le Cardinal Sarr, archevêque de Dakar, reconnaît les difficultés posées à l'Afrique par le récent Synode sur la famille, dont les débats ont parfois mis en lumière les écarts entre les préoccupations de l'Occident et celles du Continent africain : «On a parfois senti, dans les débats du Synode, un fossé entre l'Occident et le reste du monde, l'Afrique en particulier…En effet, il faut comprendre que les préoccupations sociales de l'Occident aujourd'hui ne sont pas forcément les nôtres.»[1]

---

1 Cf. Jean-Matthieu Gautier de l'Agence Apic sur «*les défis de l'Église d'Afrique*», du 14 novembre 2014 : interview accordée à Mgr Sarr à I . Médias.

Si, pour l'Occident, la question des divorcés remariés, le mariage homosexuel, l'ordination des hommes mariés, la légalisation de l'avortement, l'évolution de la génétique et des biotechnologies constituent des défis prioritaires, en Afrique les défis sont autres. Au sujet du mariage, la question en Afrique n'est pas centrée sur les divorcés remariés mais sur la polygamie : «Si la question des divorcés remariés commence à être importante dans nos pays, le premier problème, chez nous, c'est l'accueil des polygames qui veulent devenir chrétiens, ou qui veulent épouser un ou une catholique», explique le Cardinal.

Dans le même registre, Bénézet Bujo déclarait que «la théologie ne peut pas être seulement une théologie occidentale. On ne peut ignorer les autres cultures, qui devraient aussi avoir leur place dans le Christianisme».[2] Il regrettait qu'à l'occasion du Synode sur la famille, «on ne parle – en Europe ou en Amérique du Nord – que de l'accès aux sacrements des divorcés remariés. On n'entend pas la réalité de l'Afrique ! On ne devrait pas seulement parler des difficultés rencontrées dans le monde occidental», lance le théologien africain qui fait

---

2 B. BUJO dans un article de Jacques Beset de l'Agence APIC, intitulé «*Contribution africaine à la veille du Synode sur la famille à Rome.*», du 02 octobre 2014.

appel aux évêques africains pour qu'ils relaient les problématiques du système matrimonial négro-africain qui connaît le «mariage par étapes» et plaide pour que l'Église en reconnaisse la sacramentalité. «Les évêques doivent parler de l'Afrique car ils sont mieux placés que quiconque à le faire.»

L'appel lancé par B. Bujo est d'autant légitime qu'il fait penser à la note de Congar aux théologiens africains lorsqu'il apprit le vœu de ceux-ci, qui en appelaient à la convocation d'un Concile africain : «nous ne sommes pas des Africains, nous n'avons pas à parler pour l'Afrique... Nous attendons et désirons que l'Afrique s'accomplisse, qu'elle concoure à refaire un monde moderne que nous n'avons pas su faire, qu'elle manifeste que Dieu n'est ni un blanc ni un noir, ni un européen ni un américain, mais le Dieu de tous les peuples et de toutes les civilisations.»[3] Il est donc impérieux que «les Églises d'Afrique fassent entendre leur voix dans les questions spécifiques touchant la foi, la discipline et l'organisation de leurs communautés locales».[4]

Dans la conclusion de l'ouvrage collectif «*Tous les chemins ne mènent plus à Rome. Les mutations actuelles du Catholicisme*», René Luneau livre sa conviction

---

3 Y. CONGAR, cité par Paul DE MEESTER, *Où va l'Église d'Afrique ?*, Cerf, Paris, 1980, *Où va l'Église d'Afrique ?*, p. 230

4 J-M ELA, *Le cri de l'homme africain*, L'Harmattan, Paris, 1993, p.36

selon laquelle la présence au sein de l'Église des cultures et des traditions non occidentales ne permettra plus de s'en tenir au discours univoque. C'est dans la prolongation de la même affirmation que l'archevêque de Milwaukee, Monseigneur Rambert Weakland dira que l'unité ecclésiale ne sera plus sous-tendue par les expressions culturelles de la civilisation occidentale ; que les limites de l'Occident n'ont plus de sens pour le Catholicisme ; que l'Évangile implanté parmi les nations et les peuples qui ne partagent pas la grande partie de l'histoire de l'Occident doit faire résonner d'autres harmoniques.[5]

Un dialogue est donc indispensable entre une tradition occidentale accrochée à son identité et d'autres univers culturels qui lui paraissent profondément étrangers alors que les peuples qui s'en réclament représentent aujourd'hui près des deux tiers de l'Église. [6]

On l'a compris, si l'Occident a ses défis à relever, ils ne sont pas forcément les défis de l'Église universelle ; l'Asie, autant que l'Amérique latine, l'Amérique du Nord et l'Afrique ont également des défis qui leur sont prioritaires. Et dans le cas de l'Afrique subsaharienne, bien que nombreux soient les défis à

---

[5] Cf. René LUNEAU, «*L'Église Catholique dans les années à venir*, in *Tous les chemins ne mènent plus à Rome. Les mutations actuelles du Catholicisme* (Sous la dir. de R. LUNEAU et Patrick MICHEL), Albin Michel, Paris, 1995, p. 420
[6] Cf. René LUNEAU, Art. Cit, p. 421

relever, à savoir, justice, paix, réconciliation, communautés ecclésiales vivantes, environnement et sida, femmes et familles, formation des hommes politiques et médias, violence, guerres, tribalisme, corruption, détournement des richesses nationales, montée de l'Islam et des mouvances évangéliques et pentecôtistes, un défi nous a interpellé particulièrement : l'avenir économique et financier des Églises d'Afrique souvent tournées vers les aides extérieures.

Vues de l'extérieur, on pourrait penser que les Églises d'Afrique sont exemptes de tout souci, tant elles sont universellement reconnues comme des Églises de la danse : en effet, la danse est la caractéristique principale des offices liturgiques en Afrique, en particulier les liturgies eucharistiques dominicales avec des instruments à percussion, des vêtements éclatants des prêtres, des servants et même de la chorale ; elle est le moyen spontanée par lequel l'Africain s'exprime dans la vie sociale et religieuse. «Nous sommes les hommes de la danse, dont les pieds reprennent vigueur en frappant sur le sol dur» , disait L.S Senghor.[7] Longtemps avant, le Cardinal J. Daniélou déclarait qu'il ne voyait pas comment les Africains pourraient louer Dieu sans danser, car la danse est tellement dans tout leur être qu'elle fait partie intégrante de leur civilisation.[8]

---

7 Cf. Paul DE MEESTER, *Op. Cit*, pp 107-108
8 Cardinal J. DANIELOU, *Le mystère du salut des nations*, Seuil,

Et pourtant, cette effervescence qui accompagne les célébrations liturgiques semble occulter un problème : la crise économique et financière. En effet, la situation économique et financière des Églises d'Afrique est très difficile à quelques exceptions près. On rencontre partout des problèmes d'argent et rares sont les diocèses qui parviennent à une situation équilibrée. La plupart des diocèses sont en faillite ou font semblant d'exister.

La question financière est plus qu'une urgence, parce qu'elle conditionne l'action pastorale ; d'elle dépendent tous les autres aspects de la vie d'une Église particulière, à savoir : l'organisation de la pastorale, la subsistance des agents pastoraux, l'accès aux soins de santé, les voyages, les études des prêtres et des séminaristes, le salaire des ouvriers, la satisfaction des obligations vis-à-vis des services étatiques...

Que faire donc pour que les Églises d'Afrique arrivent à s'inventer un avenir pour devenir des Églises mûres, c'est-à-dire capables de prendre leur destin en mains ? Que faire pour qu'elles cessent de considérer que leur avenir financier reste tributaire des aides extérieures tandis que l'Occident traverse également une crise économique et financière qui limite la générosité des Églises sœurs ? Comment procéder pour envisager l'avenir des Églises d'Afrique dans un processus d'émancipation comme

---

Paris, 1946, p. 58

le préconisait M. Hebga?[9] Que peuvent faire nos Églises, enfin, pour devenir auto-dépendantes et autosuffisantes ; pour passer du statut d'Églises mineures à celui d'Églises majeures ?

Voilà autant de questions que nous nous sommes posées et qui sont à l'origine des réflexions que nous livrons dans le présent ouvrage.

Au-delà de la diversité dans ce vaste continent, les Églises d'Afrique sont marquées par une similitude des situations ; elles présentent généralement des traits communs et constants. Nous nous sommes rendu compte de cette évidence en interrogeant des prêtres étudiants dans l'archidiocèse de Strasbourg, venus de différents diocèses d'Afrique. Cette similitude des situations nous a inspiré le titre plus général et englobant de «Églises d'Afrique». Il ne s'agit pas toutefois de parler de toute l'Afrique, au sens spatial du terme, mais de l'Afrique noire subsaharienne francophone. En effet, ce serait prétentieux de parler de l'Afrique du Nord et de l'Afrique anglophone, notre connaissance de la vie des Églises dans ces parties du continent étant plus ou moins limitée.

---

9 Cf. M. HEBGA, *Émancipation des Églises sous-tutelle. Essai sur l'ère post-missionnaire*, Présence Africaine, Paris, 1976, p.5

Dans cet ouvrage, nous avons surtout pris en compte la situation des diocèses dits ruraux ou de l'intérieur.

L'ouvrage est réparti en trois chapitres : dans le premier, nous parlons de la crise financière des Églises d'Afrique en insistant sur les causes à l'origine de cette dernière. Le second se penche sur l'impact de la crise financière des diocèses dans la vie et le ministère des prêtres diocésains en relevant les manifestations de cette crise. Le dernier se résume en une série des propositions et suggestions pour une invention de l'avenir, tout en rappelant les textes du Magistère relatifs aux droits des prêtres à une subsistance digne. L'ouvrage se conclut sur un ton d'optimisme en faisant allusion à trois diocèses qui cherchent, par-delà les difficultés, à se frayer un chemin vers l'avenir.

Chapitre 1. La crise financière dans les Églises d'Afrique : les causes

La situation économique que traversent les pays d'Afrique avec tous leurs défis sociaux est non sans conséquence sur la vie des diocèses. La crise économique se fait sentir dans la plupart de nos diocèses et nombreuses en sont les manifestations. Ces dernières poussent à en chercher les causes. L'enquête menée auprès des prêtres nous a permis de relever les causes ci-après :

1. Le syndrome de la dépendance financière extérieure

L'un des problèmes majeurs concernant la croissance du Christianisme dans les Églises d'Afrique est la dépendance des fonds extérieurs, que beaucoup d'Églises, fondées par des missions occidentales, entretiennent. On pense généralement que pour organiser la vie d'un diocèse, il faut prendre les ressources là où elles se trouvent, dans les pays riches ; d'où le recours aux aides extérieures. Les apôtres, et notamment Paul, n'utilisaient aucun fonds extérieur pour implanter des Églises. Les seuls transferts de fonds d'Église à Église, dans le Nouveau Testament, venaient des champs de mission en direction de «l'Église-mère» de Jérusalem, afin d'aider les pauvres (Actes 11,29 -30 / 2 Corinthiens 8). Il est donc possible d'implanter des

Églises, sans créer de dépendance financière, d'établir des Églises capables de se gouverner elles-mêmes, de s'autofinancer.

1.1 Dépendance de Rome

Il y a d'abord la dépendance de Rome. Les diocèses des pays en mission, reçoivent des subsides de Rome pour leur fonctionnement et pour la vie de leurs prêtres. Ces fonds servent également à financer les études des prêtres et des séminaristes, à payer les ouvriers et les animateurs pastoraux, à soigner les prêtres et les séminaristes malades. Ces subsides sont généralement logés dans certaines banques occidentales. Une partie du montant octroyé est injectée dans des unités de production ou des activités commerciales. Cependant, Rome a diminué de façon sensible le versement des subsides destinés aux diocèses des pays de mission. Ces subsides ont significativement baissé et n'arrivent pas à couvrir tous les nombreux besoins des diocèses.

1.2. Des quêtes pour l'Afrique

Il existe en France et ailleurs une institution chargée de récolter des fonds pour venir en Aide aux Églises d'Afrique et dénommée «Aide aux Églises d'Afrique». En effet les Églises d'Occident sont poussées par un sentiment de compassion face à la «pauvre Afrique affligée de mille maux, l'un ne s'estompant que pour laisser place à d'autres plus cruels : guerres, terrorisme et fanatisme abjects, épidémies sans fin, crises politiques jusque dans les États réputés les plus stables.»10 En mai 2014, grâce au produit de la quête effectuée en 2013, 220 diocèses dans 28 pays d'Afrique, principalement francophones, ont reçu des subsides de 4 000 € chacun.

Dans son message pour le diocèse de Lyon le Dimanche 4 janvier 2015, Monseigneur Le Gal, Directeur Général de «Aide aux Églises d'Afrique» et Directeur National de la «Quête Pontificale de l'Épiphanie», annonçait qu'une partie des dons recueillis dans le diocèse, le jour de l'Épiphanie, jour de la quête pontificale pour l'Afrique, serait reversée à un diocèse du Burkina Faso.

S'il est vrai que ce type d'initiative est à saluer comme expression de la solidarité entre les Églises, il reste aussi vrai que l'on devrait plutôt trouver des voies et moyens pour apporter une solution stable et durable à la crise financière des diocèses d'Afrique.

Il n'est pas non plus inhabituel de voir certains missionnaires en vacances en Occident sensibiliser les leurs afin de lever les fonds pour l'Afrique. Pour susciter l'émotion et la compassion, certains n'hésitent pas à exploiter des images de l'Afrique sur fond de misère et parfois sans tenir compte du respect dû aux personnes ; comme si l'aide donnait

---

10 Extrait de la lettre de Mgr Patrick Le Gal aux délégués diocésains de la Coopération missionnaire pour l'organisation de la quête pontificale pour les Églises d'Afrique le Dimanche de l'Épiphanie 2015.

libre cours à l'humiliation et à la dépersonnalisation. Ceci nous amène à parler des inconvénients de la dépendance extérieure.

1.3. Dangers de la dépendance des fonds extérieurs

D'abord, les autochtones sont presque convaincus que leurs propres ressources sont insignifiantes, ils sont entretenus dans une mentalité de pauvreté, et vont confesser celle-ci ! Ainsi, l'on perpétue le syndrome de dépendance. Dans 2Corinthiens 8,2-5 : les Macédoniens étaient pauvres, mais ils ont supplié Paul de pouvoir donner à d'autres plus pauvres, et ils ont produit d'abondantes libéralités ! Et si Paul les avait considérés comme «trop pauvres» ? En outre, mobiliser des fonds étrangers est susceptible de détruire l'initiative locale ainsi que le sentiment de «propriété» et celui «d'appartenance»[11]. Si une Église paroissiale est œuvre des chrétiens, ces derniers se sentiront plus responsables et propriétaires que de se voir ériger une cathédrale dont la contribution financière proviendrait totalement de l'étranger.

Si les idées viennent de l'extérieur, les autochtones n'ont plus besoin de donner les leurs ! Quand l'argent vient d'ailleurs, ils sont poussés à initier des

---

11 Cf. L'article «*La dépendance financière des églises établies par les missions : problèmes et enjeux*», dans le site Matthieu 24 – 14 de Pascal et F. Bonnaz : http://matthieu2414free.fr/index.php?option=com_content&view=article&id=118:dependance-des-eglises-face-aux-missions&catid=8&Itemid=64

choses qui plaisent aux donateurs, même si elles ne correspondent pas aux besoins prioritaires locaux, ni aux méthodes locales.[12]

La dépendance des fonds extérieurs crée en outre une culture d'assistanat, d'infantilisme et de mendicité qui pousse à rester toujours tourné vers «l'Occident riche».

2. Mauvaise gestion des ressources

Comment sont gérés les fonds reçus par les diocèses ? La pauvreté s'est installée aussi parce que les fonds reçus ont été mal gérés. Dans la plupart des diocèses, les dépenses et les dettes sont plus élevées que les recettes.

Pendant longtemps, les diocèses ont survécu grâce aux financements des projets octroyés par les organismes catholiques d'aide. En effet, confrontés à d'autres urgences et ne possédant aucune autre ressource financière, ils recourent souvent aux fonds des projets. Ceci conduit, comme on peut s'y attendre, à la non réalisation des projets et donc au détournement. Le risque dans ce contexte est la perte de toute crédibilité auprès de différents donateurs, avec la réputation de «mauvais gestionnaire». Généralement, les organismes d'aide se résolvent à ne plus accorder des fonds pour des projets ultérieurs.

---

12 Ibidem

3. La prise en charge des prêtres, séminaristes, animateurs pastoraux et ouvriers

Il se pose un problème réel au sujet de la subsistance matérielle des prêtres et des séminaristes dans les diocèses. Dans certains diocèses, les prêtres, en particulier ceux œuvrant dans les paroisses rurales et dépourvues de toute ressource, recourent à leurs économats pour leur prise en charge. Ils dépendent d'eux pour tous leurs besoins personnels et pastoraux, tandis que ces derniers se montrent eux-mêmes incapables de répondre à ces besoins pourtant prioritaires.

Il y a aussi les séminaristes qui sont à la charge de leurs diocèses pour les questions relatives à leur santé et pour leur déplacement. Dans la province ecclésiastique du Kivu, en République Démocratique du Congo, où les grands séminaires se situent à des milliers de kilomètres des diocèses, les économats généraux sont obligés, pour chaque rentrée et à la fin de chaque année académique, de payer les billets d'avion pour l'ensemble des séminaristes, les infrastructures routières et la longue distance ne permettant pas le déplacement par véhicule. Où trouver cet argent ? On assiste par ailleurs de plus en plus à l'éclosion des vocations sacerdotales, ce qui constitue un signe d'espérance pour l'avenir des Églises locales ; cependant les moyens matériels et financiers ne suivent pas pour soutenir et encadrer ces vocations. Voilà autant des problèmes que rencontrent certains diocèses et qui constituent de véritables sujets à préoccupation.

Un discernement s'impose dans la conscience des responsables des diocèses sur leur capacité à assurer la subsistance matérielle des séminaristes. En effet, les problèmes de vie des futurs prêtres (séminaristes) méritent d'être abordés en priorité et non relégués au second plan ou mis en annexe. Il est dommage, comme l'ont souligné la plupart des prêtres interrogés, de constater que dans beaucoup de réunions, les problèmes des séminaristes sont généralement traités à la hâte et souvent sans jamais poser les questions réelles.[13] A côté des séminaristes s'ajoutent les animateurs pastoraux et leurs familles. En effet, l'apostolat des animateurs pastoraux dans les différents diocèses répondait aux souhaits du Concile Vatican II et aux options pastorales de différentes conférences épiscopales concernant le rôle et la place des laïcs dans l'Église.

En effet, Vatican II a mis en cause le monolithisme clérical par la reconnaissance de la diversité des ministères plus conformes aux données de la tradition apostolique. Il affirmait que non seulement le clergé ne saurait suffire à lui seul, mais qu'il n'était pas seul habilité à répondre aux besoins nouveaux de l'Église. Il fallait mettre en valeur l'apostolat des laïcs, les inclure dans une réflexion renouvelée, car ils ont leur part de responsabilité dans les fonctions

---

13 Ruphin ISAY ONKIRI, *Op.cit.*, pp. 165-166

apostoliques assumées par l'Église.[14] «Tout laïc constitue, en vertu des dons qui lui ont été faits, un témoin et en même temps un instrument vivant de la mission de l'Église» (Lumen Gentium, n°33) ; «L'apostolat des laïcs est la participation à la mission salutaire de l'Église ; à cet apostolat tous sont députés par le Seigneur, par le baptême et la confirmation» (Lumen Gentium, n° 33).

Ainsi, face à la croissance démographique et à la pénurie des prêtres dans certains diocèses, les Églises d'Afrique avaient décidé de promouvoir un laïcat adulte et responsable. Mais, aujourd'hui, la prise en charge matérielle des animateurs pastoraux et catéchistes est devenue sujet à problème dans bon nombre de diocèses. Ensuite, leur statut ecclésial donne aux autres laïcs l'impression qu'ils sont de simples exécutants sans ministère réel à côté des prêtres.[15] La question de la redéfinition de leur présence et de leur rôle au sein de l'Église locale nécessite un approfondissement.

Il y a, enfin, les ouvriers affectés dans les différents services des diocèses : où trouver les ressources financières nécessaires pour leur rémunération ?

---

14 Ibidem, p. 166
15 Ibidem, p. 166

Chapitre 2. Impact de la crise financière sur la vie et le ministère des prêtres

1. La pauvreté du clergé diocésain : prêtres, agents bénévoles ?

Parler de la pauvreté des prêtres c'est souligner l'épineux problème de leur situation matérielle. En effet, la situation matérielle des prêtres séculiers est très préoccupante, à quelques rares exceptions près et se démarque de l'opinion courante qui voit dans le prêtre un privilégié par rapport à sa communauté.[16]

Jadis, l'opinion courante voyait dans l'accès au sacerdoce la réalisation du rêve d'une promotion sociale. Dans «*Entre les eaux*», le héros de Mudimbe déclarait que l'appel de Dieu... épousait le rêve d'un rang social que l'on ne pouvait occuper autrement que par la grâce du sacerdoce. «Qui devenait abbé avait, selon l'opinion fondée sur l'expérience populaire, une aisance matérielle : «il pouvait vivre décemment, construire une belle maison pour ses parents, payer les études des membres de sa famille...»[17] Force est de constater que nous sommes de nos jours loin de cette opinion et beaucoup d'affirmations sur la condition matérielle des prêtres demandent d'être prises avec réserve. Le prêtre est

---

16 E. KUMBU KI KUMBU : *Vie et ministère des prêtres en Afrique*, Karthala, Paris, 1996, p. 39
17 R. LUNEAU, *Laisse aller mon peuple ! Églises africaines au-delà des modèles ?*, Karthala, Paris, 1987, p. 173

très loin, dans la plupart des diocèses, d'être un «privilégié», à quelques exceptions près.

Le constat semble être très clair : la pauvreté gagne de plus en plus la vie des prêtres dans la plupart des diocèses. Ils sont dépourvus de l'essentiel bien que le Droit de l'Église et les documents du Magistère leur reconnaissent le droit à un entretien suffisant et digne «car l'ouvrier mérite son salaire» (Luc 10, 7) . Les honoraires de messes, les subsides communautaires et les subventions de l'apostolat qui étaient traditionnellement les moyens de subsistance des prêtres sont quasi-inexistants à ce jour. Comme le fait remarquer Eleuthère Kumbu Ki Kumbu, «tout laisse penser qu'il s'agit là d'un travail personnel des prêtres»[18].

Il est vrai que les fidèles doivent s'investir pour subvenir aux besoins de leurs Églises locales. Cela entre d'ailleurs dans le cadre des droits et devoirs universels de tous les fidèles chrétiens. Ils doivent, selon le canon 222, subvenir aux besoins de l'Église afin qu'elle dispose de ce qui est nécessaire au culte divin, aux œuvres d'apostolat et de charité et à l'honnête subsistance de ses ministres ; ils sont aussi tenus par l'obligation de promouvoir la justice sociale et encore, se souvenant du commandement du Seigneur, de secourir les pauvres sur leurs revenus personnels. »

---

18 Ibidem p. 301

Cependant, les Églises ne doivent pas abuser de leur droit inné d'exiger des fidèles ce qui est nécessaire à leurs fins propres (can 1260) pour inciter toujours les communautés chrétiennes, malgré leur pauvreté, à pourvoir sans délai et sans limite aux besoins matériels de leurs ministres, les plongeant ainsi dans un cycle interminable des cotisations. Il s'agit, en d'autres termes, de la prise en charge des pasteurs par leurs propres fidèles qui mérite une redéfinition et une clarification car, mal comprise, elle passerait quelquefois pour une exploitation outre mesure de la générosité des fidèles.

Le problème est difficile et il ne manque pas des répercussions sur le travail pastoral et sur le comportement moral des prêtres, sensés pourtant être des agents de développement capables d'aider la population à se libérer de sa misère matérielle.

La souffrance des prêtres nous amène à rappeler quelques textes du Droit canonique et du Magistère, qui font de la subsistance des prêtres un devoir qui incombe aux évêques et non pas une faveur relevant de leur gré, ce qui donnerait l'impression d'avoir plutôt affaire à des agents bénévoles sans aucun droit au sein de l'Église.

Au plan canonique

Deux paragraphes du canon 281, issus d'un ensemble des règles relatives aux «obligations et droits des clercs» concernent l'honnête subsistance des prêtres et leur droit à l'assurance sociale : §1 «Puisqu'ils se consacrent au ministère ecclésiastique, les clercs méritent une rémunération qui convienne à leur condition, qui tienne compte autant de la nature de leur fonction que des circonstances de lieux et de temps, et qui soit telle qu'ils puissent subvenir à leurs propres besoins et assurer une rétribution équitable à ceux dont les services leur sont nécessaires». §2 «De même, il faut veiller à ce qu'ils bénéficient de l'assistance sociale grâce à laquelle il est correctement pourvu à leurs besoins en cas de maladie, d'invalidité ou de vieillesse».

D'autres canons concernent le devoir de l'Ordinaire du lieu quant à l'honnête subsistance des prêtres et à leur protection sociale : canon 384 «L'Évêque diocésain manifestera une sollicitude particulière à l'égard des prêtres qu'il écoutera comme ses aides et ses conseillers ; il défendra leurs droits et veillera à ce qu'ils accomplissent dûment les obligations propres à leur état et aient à leur disposition les moyens et les institutions dont ils ont besoin pour entretenir leur vie spirituelle et intellectuelle ; de même il veillera à ce qu'il soit pourvu à leur honnête subsistance et à leur protection sociale». Canon 1350, §1 : «Pour les peines à infliger à un clerc, il faut toujours veiller à ce que celui-ci ne manque pas de ressources nécessaires à une honnête subsistance, à moins qu'il ne s'agisse du renvoi de l'état clérical». §2 «Cependant si un clerc renvoyé de l'état clérical se trouve, à cause de cette peine, dans une réelle indigence, l'Ordinaire doit pourvoir à lui porter secours du mieux possible»

Textes conciliaires

Il y a d'abord «*Presbyterorum ordinis*» n° 20 sur la juste rémunération à assurer aux prêtres : «...Les prêtres consacrent leur vie au service de Dieu en accomplissant la fonction qui leur est confiée ; ils méritent donc de recevoir une juste rémunération" car l'ouvrier mérite son salaire " Luc 10, 7) et " le Seigneur a prescrit à ceux qui annoncent l'Évangile de vivre de l'Évangile " (1Co 9, 7). Là où rien d'autre n'existe pour assurer cette juste rémunération, faire le nécessaire pour assurer aux prêtres un niveau de vie suffisant et digne est, à proprement parler, une obligation pour les chrétiens, puisque c'est à leur service que les prêtres consacrent leur activité. Les évêques, eux, ont le devoir de rappeler aux chrétiens cette obligation ; ils doivent veiller - chacun pour son diocèse ou, de préférence, à plusieurs ensemble dans un même territoire - à établir des règles pour assurer comme il se doit une vie convenable à ceux qui exercent, ou ont exercé, une fonction au service du peuple de Dieu. La rémunération versée à chacun devra tenir compte de la nature de la fonction exercée et des circonstances de temps et de lieu, mais elle sera fondamentalement 1a même pour tous ceux qui sont dans la même situation ; elle devra être adaptée aux conditions où ils se trouvent ; en outre, elle leur laissera les moyens, non seulement d'assurer comme il se doit la rémunération de ceux qui se dévouent à leur service, mais encore d'apporter eux-mêmes une aide à ceux qui sont dans le besoin, car ce ministère à l'égard des pauvres a toujours été en grand honneur dans l'Église dès ses origines. Enfin, cette rémunération devra permettre aux prêtres de prendre chaque année, pendant une durée suffisante, les vacances dont ils ont besoin ; les évêques doivent veiller à ce que ce temps de vacances soit assuré aux prêtres.» Il y ensuite *Christus Dominus*, n° 16 : «Que les évêques entourent les prêtres d'une charité particulière, puisque ceux-ci assument pour une part leurs charges et leurs soucis et qu'ils s'y consacrent chaque jour avec tant de zèle ; il leur faut les traiter comme des fils et des amis, être prêts à les écouter, entretenir avec eux des relations confiantes et promouvoir ainsi la pastorale d'ensemble du diocèse tout entier. Les évêques doivent se soucier de la situation spirituelle, intellectuelle et matérielle de leurs prêtres pour qu'ils aient les moyens de mener une vie sainte et pieuse et d'accomplir fidèlement et avec fruit leur ministère ».

2. Le syndrome des nominations : pour une pratique démocratisée de l'exercice du pouvoir épiscopal

Dans un article sur «*la situation du clergé africain aujourd'hui*», Ignace Ndongala constate qu'il «devient symptomatique de constater, d'une part, l'attachement de certains prêtres aux paroisses supposées riches et grandes et, par ailleurs, la hantise des paroisses réputées pauvres et petites. Les responsables des communautés presbytérales étant aussi ceux qui tiennent la bourse, les postes de direction sont souvent convoités non pas à cause du service à rendre mais plutôt à cause des profits à en tirer. Le bénéfice symbolique et les biens matériels liés à ces postes sollicitent l'imaginaire du clergé au point de générer un syndrome des nominations».[19]

Il n'est pas rare de constater l'existence d'une grande agitation dans la plupart des diocèses à la veille des nominations : les prêtres lassés de vivre dans les paroisses de la brousse rêvent l'amélioration de leur situation et aspirent à des postes leur garantissant des conditions de vie meilleures ; ceux vivant dans les paroisses urbaines éprouvent la crainte de se voir affectés loin du centre-ville. Presque tous rêvent des affectations dans les services

---

[19]Ignace NDONGALA MADUKU in http://religions.free.fr/1400_actualite/1441-clercs-maduku.htm, *La situation du clergé africain aujourd'hui*, in dossier « *Des prêtres noirs s'interrogent*»

diocésains qui deviennent le symbole d'une vie meilleure garantie : gestion des projets financés, rémunération, garantie d'un moyen de déplacement, voyages et autres avantages suscitent des appétits chez un nombre élevé des prêtres et ils n'ont pas toujours tort, vu l'écart de standing de vie qui se creuse entre eux.

Par ailleurs, ces nominations étant le plus souvent le fruit d'une décision unilatérale venant d'en haut, le prêtre n'étant là que pour obéir, on est amené à se poser des questions sur le climat de dialogue qui devrait exister entre les évêques et leurs prêtres, censés être les plus proches collaborateurs.

C'est dans ce contexte qu'il convient d'évoquer la situation de malaise suscitée dans certains diocèses par l'absence de dialogue et de débat, l'obligation à l'obéissance et à la soumission, la fermeture de la discussion, le déficit de la liberté d'expression, la non-reconnaissance du droit à exprimer son point de vue, faisant ainsi des prêtres des destinataires passifs des ordres supposés s'imposer à eux au titre de la vérité détenue de façon exclusive.[20]

---

20 Cf. L'article de Danièle HERVIEU-LEGER, « *L'évêque, l'Église et la modernité* » in *Tous les chemins ne mènent plus à Rome,. Les mutations actuelles du Catholicisme* (Sous la dir. de R. LUNEAU et Patrick MICHEL), Albin Michel, Paris, 1995, pp. 340-341.

Il est vrai que l'obéissance est une valeur sacerdotale de première importance. Le sacrifice même de Jésus sur la Croix tire sa valeur et son sens rédempteur de son obéissance et de sa fidélité à la volonté du Père. Il fut «obéissant jusqu'à la mort, et à la mort sur une Croix» (*Ph* 2, 8). L'épître aux Hébreux souligne aussi que Jésus «apprit, de ce qu'il souffrit, l'obéissance» (*Hb* 5, 8). On peut donc dire que l'obéissance au Père est au cœur du Sacerdoce du Christ[21]. Saint Paul est on ne peut plus clair dans son exhortation aux Thessaloniciens : «Nous vous demandons, frères, d'avoir des égards pour ceux qui, parmi vous, se donnent de la peine pour vous diriger dans le Seigneur et pour vous reprendre ; ayez pour eux la plus haute estime, avec amour en raison de leur travail» (1 Th 5,12-13) . Cependant, cette vertu, en elle-même positive, prend une dimension négative, quand elle est absolutisée et revendiquée hors de son contexte légitime, en obligeant le prêtre à être soumis continuellement à un véritable «cyclisme ecclésiastique»[22] qui consiste à garder constamment la tête et le dos courbés pour obéir aux ordres de la hiérarchie. Non sans humour, Leonardo Boff dira qu'à force de s'abaisser continuellement, on finit par devenir bossu et se déshumaniser.

---

21 Congrégation pour le Clergé, Directoire pour le ministère et la vie des prêtres, n° 61
22 L'expression est de Hans KÜNG

C'est à ce niveau que Danièle Hervieu-Léger pose avec acuité la question de la modernisation de la fonction épiscopale à travers la pratique démocratisée de l'exercice du pouvoir religieux. «L'Église ne peut pas valoriser la démocratie et réclamer valablement que celle-ci s'affirme partout de façon réelle et non pas seulement formelle si par ailleurs elle ne se soumet pas elle-même aux principes qu'elle promeut»[23].

Le climat démocratique répandu un peu partout devrait favoriser une plus grande coresponsabilité et une meilleure participation de tous au processus de la décision. Il en va de la cohérence du discours ecclésiastique. En effet, tout porte à croire que l'on est en face d'une ecclésiologie légaliste où l'application rigoureuse du Droit canonique ignore et étouffe souvent l'Évangile.[24] En effet, il ne semble pas charitable d'exercer le pouvoir comme si Vatican II n'avait jamais eu lieu, comme si la liberté des enfants de Dieu et la liberté de parole n'étaient que des inventions du libéralisme.

---

[23] Danièle HERVIEU-LEGER, *L'évêque, l'Église et la modernité* in *Tous les chemins ne mènent plus à Rome,. Les mutations actuelles du Catholicisme* (Sous la dir. De R. LUNEAU et Patrick MICHEL), Albin Michel, Paris, 1995, p. 343

[24] E. MVENG, *Le synode africain. Prolégomènes pour un Concile africain*, dans *Concilium* 239, 1992, p. 167.

On n'est pas loin de la conception quelque peu caricaturale que le commun des chrétiens se fait sur la fonction épiscopale : « Le patron de l'Église locale c'est l'évêque, et l'Église c'est sa «chose». Il fabrique les prêtres, leur attribue des postes, les envoie pour évangéliser, fait venir d'autres prêtres et des religieuses du pays des blancs... C'est aussi lui qui a l'argent, peut-être beaucoup d'argent pour nourrir et soigner les prêtres et les religieuses, pour secourir et «dépanner» les nombreux nécessiteux qui le sollicitent.»[25] Il est aujourd'hui indispensable d'opérer le passage de la conception de l'évêque chef qui ne tolère pas la critique et la dissonance à celle de l'évêque «père, frère et serviteur».

S'agissant des trois munera des évêques, le Concile Vatican II avait déjà tout dit ; et il est indispensable de rappeler certains passages importants du décret sur la charge pastorale des évêques dans l'Église : d'abord, il est frappant qu'en donnant la définition du diocèse, le décret fait mention des prêtres comme premiers collaborateurs de l'évêque : «Un diocèse est une portion du peuple de Dieu confiée à un évêque pour qu'avec *l'aide de son presbyterium,* il en soit le pasteur»[26] Plus loin, le décret parle même des prêtres comme de «prudents collaborateurs de l'ordre épiscopal» (n° 15).

Dans *Africae Munus,* Benoît XVI exhorte les évêques à

---

[25] Julien PENOUKOU, *Églises d'Afrique. Propositions pour l'avenir*, Paris, Karthala, 1984, pp. 29-30
[26] *Christus Dominus,* n°11

aimer et respecter leurs prêtres car ils sont les précieux collaborateurs de leur ministère épiscopal et à imiter le Christ qui a créé autour de lui un climat d'amitié, d'affection fraternelle et de communion qu'il a puisé dans les profondeurs du mystère trinitaire... et leur rappelle que les prêtres ont besoin de leur affection, de leur encouragement et de leur sollicitude»[27]

Dans un contexte où les peuples se battent pour la démocratie et les droits de la personne, les Églises doivent être un lieu de rencontre et de liberté, d'acceptation des désaccords ou des dissonances. Dans les États de non-droit qui se sont multipliés en Afrique depuis des années, il y aurait là un contre témoignage.

On n'insistera jamais assez, la charité et le dialogue franc doivent accompagner les rapports entre les évêques et leurs prêtres ; en effet l'accord de la volonté des prêtres avec celle de leurs évêques a l'avantage de rendre plus fructueuse l'action pastorale et de promouvoir toujours davantage le service des âmes.

---

[27] Benoît XVI, *Africae Munus*, n° 101

3. La recherche des intérêts personnels

Souvent, pour des raisons de survie, certains prêtres partent vers d'autres cieux ; d'autres se découvrent de nouvelles vocations : commerçants, exorcistes improvisés, concessionnaires, courtisans attentionnés, aumôniers des familles nanties.[28] D'autres encore utilisent les rares moyens pastoraux mis à leur disposition à des fins personnelles : commerce, mise en hypothèque, location, vente d'engins pastoraux à l'insu des autorités diocésaines.

4. Haut et bas clergé !

La rémunération des prêtres en Afrique n'est ni juste ni équitable ; elle est même inexistante dans la plupart des diocèses, et il n'est pas rare de constater l'inégalité entre les prêtres, liée souvent à l'absence de la péréquation. «La disparité des ressources est parfois très criante et n'est pas loin d'entraîner un retour, bien que tacite, au régime des privilèges»[29]. Les uns s'organisent mieux sur le plan matériel tandis que d'autres croupissent dans la misère, attendant toute solution de l'évêché. On assiste de façon masquée à une fracture du clergé au sein d'un même presbyterium : ceux qui sont bien installés matériellement d'un côté, et les démunis de l'autre. Au nombre des privilégiés, on enregistre ceux qui ont des parents ou des amis fortunés, ceux qui ont

---

28 Ignace NDONGALA MADUKU, Art. Cit.
29 Ibidem

des liens spéciaux avec l'évêque ou le supérieur hiérarchique, ainsi que ceux qui occupent des «postes importants» dans le diocèse. Les prêtres démunis sont ceux qui, ne disposant matériellement de rien, attendent des solutions -miracles.[30]

5. Le tribalisme et le favoritisme

Les Églises, lieux par excellence de l'annonce de la Bonne Nouvelle de Jésus Christ sont malheureusement aussi souvent des centres de conflits tribaux, des intrigues de toutes sortes, des lieux d'exclusion et de rejet.

Les affectations sont considérées comme une forme de jeu de coulisse où toutes les intrigues et les coups bas sont permis. Les plus habiles se taillent la meilleure part du gâteau, peu importe leurs talents et leurs aptitudes. En principe, les affectations devraient permettre d'engager des prêtres de manière adéquate, en tenant compte de leurs talents et compétences. Elles jouent un rôle primordial dans la bonne ou la mauvaise marche de l'Église locale. C'est d'elles que dépendent entre autres la réussite ou l'échec de la pastorale diocésaine.[31]

---

[30] WAMU OYATAMBWE, *Église catholique et pouvoir politique au Congo-Zaïre. La quête démocratique*, L'Harmattan, Paris, 1997, p. 67.
[31] Ruphin ISAY ONKIRI, *Op. Cit.*, p. 187

Le pouvoir de nomination des prêtres revient à l'évêque, aidé par les membres de la consulte. «Il est important qu'ils s'imprègnent des critères objectifs conduisant à la répartition harmonieuse des charges.»[32] Cette manière de procéder éviterait toute forme d'affectation fantaisiste. Le décret *Christus Dominus* est on ne peut plus clair à ce sujet : «pour former son jugement sur la capacité d'un prêtre à gouverner telle paroisse, l'évêque doit tenir compte non seulement de sa doctrine, mais aussi de sa piété, de son zèle apostolique et des autres dons et qualités requis pour le bon exercice du soin des âmes».[33]

Des témoignages recueillis ici et là, l'on apprend que certains prêtres déploient une ardeur singulière auprès des paroissiens ou des membres influents de la tribu pour être maintenus à un poste ou pour hériter une paroisse. Il se développe une espèce de réseau de clientélisme ou des amis de la même tribu pour se partager les postes dits «stratégiques». Le problème est tellement flagrant que beaucoup de prêtres boudent ou refusent carrément les obédiences. Outre le poids de la solidarité tribale, il semble que le but inavoué de cette pratique soit de favoriser ceux de sa tribu afin de consolider son pouvoir et de partager les avantages du système. Des prêtres ainsi favorisés, vivent pour la plupart dans l'arrogance, le laisser-aller et une certaine opulence

---

[32] J. MALULA, «*Essai de profil des prêtres de l'an 2000 au Zaïre*» dans *Documentation catholique*, n° 1961, 1988, p.465
[33] *Christus Dominus*, n° 31

que n'expliquent ni leur statut, ni leur capacité intellectuelle, ni leur probité morale, ni leurs activités ou charges pastorales.[34] Le Christ a voulu une Église universelle ; certains l'ont transformée en «héritage tribal».

Comme jadis à Corinthe, il arrive dans bien des cas que les membres de la consulte, se rallient à tel ou tel groupement sectaire, travaillent pour le compte de tel ou tel groupe d'intérêt, sans le moindre sens de l'Église.

Pour éviter les querelles partisanes, les affectations, ne devraient-elles pas se faire dans la clarté, la transparence, l'impartialité et l'honnêteté, pour permettre à tout le monde d'y répondre spontanément, sans aucun sentiment de révolte ? Cela suppose au préalable la connaissance des charismes de chacun et les besoins réels des milieux d'apostolat ou du poste à pourvoir, en évitant de concevoir les affectations d'en haut sans qu'il y ait consultation des concernés.[35] «Il est vrai que la tribu est une réalité culturelle. La bible, par exemple, nous parle des douze tribus d'Israël.

La tribu fait partie de la diversité de l'humanité. La famille et la tribu doivent être accueillies et appréciées comme des dons de Dieu. Personne ne choisit sa famille, ni sa tribu. Dans Matthieu 1, 1-17, l'auteur se plaît à donner les origines de Jésus en remontant jusqu'à Abraham. Les relations entre les

---

34 Ruphin ISAY ONKIRI, Op. Cit., p.176
35 Ibidem, p. 177

personnes d'une même tribu sont très importantes. La tribu est le lieu de solidarité, de transmission et de protection de la vie. C'est un lieu d'apprentissage et d'intériorisation des valeurs culturelles, autant qu'elle est un lieu de communion, d'entraide et de partage fraternel. Cependant, au sein de cette entité, on rencontre aussi des situations de péché qui la défigurent et l'abîment.

On ne vise plus le bien commun, mais celui d'un groupe. L'origine de l'Église est le Dieu Trinité. Il est la référence permanente et l'achèvement de la communion ecclésiale.

Dire Trinité, c'est dire Famille divine, vie partagée de plusieurs personnes qui se donnent l'une à l'autre. Le Christ est venu restaurer un monde unifié, une famille humaine à l'image de la famille de Dieu.[36]»

Un même sang circule dans nos veines et c'est le sang de Jésus Christ ; il ne serait pas normal que le sang de la tribu demeure plus fort que l'eau du baptême. Nos Églises doivent cesser d'être des lieux fermés où s'exacerbent les rivalités tribales pour redevenir l'Église universelle qu'elles ont toujours été. Le prêtre, n'est-il pas un «alter Christus » selon l'expression de saint Paul : Je vis, mais ce n'est plus

---

[36] Nous reprenons en substance les propos tenus par Mgr Joseph ATANGA, évêque de Bafoussam , lors d'une conférence donnée à l'occasion de "La Campagne Semaines Pascales 2000", le 28 Avril 2000 sur le thème «*Église et tribalisme.*»
http://www.wagne.net/csp/csp2000/contributions_2000/eveque_baf .htm

moi qui vis, c'est le Christ qui vit en moi» (Gl 2, 20) ? Comment est-il possible d'imaginer un «autre Christ» agent de division ? Le Christ, cesse-t-il d'être celui qui a prié pour que tous soient un ?

Comme le rappelle Benoît XVI aux prêtres, le témoignage de vie pacifique, par-delà les frontières tribales et raciales, peut toucher les cœurs.[37]

6. Rivalités et jalousies : pour une redécouverte de la fraternité sacerdotale

Si l'Église est le lieu où l'on reçoit les paroles de la vie éternelle, les humains l'ont quelquefois transformée en lieu d'affrontement sans merci et sans concession, lieu des clivages où tous les coups sont permis.[38] Il est triste de constater que dans bien de communautés sacerdotales, des prêtres forment des communautés des personnes qui se combattent continuellement et qui excellent dans les critiques mutuelles sans répit, les rivalités, la calomnie et la médisance, les combines et les coups bas.

Deux sont généralement les causes à l'origine de cette triste et déplorable situation : la pauvreté et l'oisiveté. L'une pousse à envier celui qui a un peu plus ; l'autre cherche à combler le vide créé par le temps inexploité. Les prêtres sont quelquefois responsables des crises et des déviations de certains de leurs confrères pour avoir transformé leurs

---

37 Benoît XVI, *Africae Munus*, n° 108
38 L. BOFF, *Op.Cit.*, p. 163.

communautés en véritables champs de bataille ou des fournaises qui asphyxient, poussant ainsi ces derniers à rechercher l'épanouissement ailleurs, loin de l'idéal sacerdotal et de la discipline ecclésiastique.

La rivalité entre prêtres nous amène à insister sur un aspect très capital dans la vie des prêtres : la fraternité sacerdotale. Il existe une fraternité sacramentelle qui unit les prêtres du fait de leur ordination sacerdotale et qui les invite à cultiver des liens de la charité qui ne peut être divisée à certaines heures, avec certaines catégories des personnes, et qui veut que chacun soit aimé, écouté et respecté. La fraternité est un don de Dieu : autant on se retrouve avec des frères et sœurs dans une famille biologique sans les avoir choisis au préalable, autant en est-il de la fraternité sacerdotale. La charité et l'unité parfaite entre prêtres sont nécessaires parce que voulues par le Christ lui-même afin que le monde croit qu'il a été envoyé par le Père (Jn 17, 23).

En particulier, loin d'écraser les plus jeunes confrères et de les faire subir toutes sortes d'humiliations, les prêtres plus âgés ont le devoir de traiter les jeunes comme des frères, de les aider surtout dans leurs débuts et dans leurs premières responsabilités et d'accepter leurs limites liées souvent à l'inexpérience avec tolérance et bienveillance. A leur tour, les plus jeunes doivent respecter leurs aînés à cause de leur âge et de leur expérience. On entend quelquefois chez de jeunes prêtres, au nom d'un certain horizontalisme, des propos tels que : «nous sommes tous prêtres, nous avons reçu le même sacerdoce ! » ; comme si le partage du même sacerdoce excluait l'exigence du respect mutuel. «La capacité de cultiver et de vivre des amitiés sacerdotales mûres et profondes apparaît comme une source de sérénité et de joie dans l'exercice du ministère, un soutien décisif dans les difficultés, et une aide précieuse pour la croissance de la charité pastorale».[39] La qualité de la vie fraternelle influe grandement sur la persévérance de chacun.

De même que la qualité médiocre de la vie fraternelle fut souvent alléguée comme motif de nombreux abandons, de même la fraternité vraiment vécue constitue un soutien solide pour la persévérance de beaucoup de prêtres. Dans une communauté fraternelle, chacun se sent coresponsable et contribue à ce que règne un climat serein de partage de vie, de compréhension mutuelle, d'aide réciproque ; chacun est attentif aux moments de fatigue, de souffrance, d'isolement, de démotivation du confrère ; chacun offre son soutien au confrère attristé par les difficultés ou les épreuves.[40] Quoi de plus beau pour les fidèles que

---

39 Congrégation pour le Clergé, Directoire pour le ministère et la vie des prêtres, 1994, n° 28
40 Congrégation pour les Instituts de vie consacrée et les sociétés de vie apostolique, «*Vie fraternelle en communauté*», 1994, n° 57

d'observer la charité fraternelle dans les relations entre leurs pasteurs ! Plus intense est cet amour, plus grande est la crédibilité du message annoncé, et plus perceptible est le cœur de l'Église, sacrement de l'union des hommes avec Dieu et entre eux (L.G 1).

7. Relativisme et diminution du zèle pastoral

Les difficultés de survie, en s'accentuant, compromettent non seulement la vie des prêtres diocésains, mais diminuent également leur zèle apostolique. Plusieurs, craignant pour leur santé, les conditions de vie étant précaires, avec le manque de moyens financiers pour l'accès aux soins médicaux de qualité, préfèrent prévenir les fatigues de l'apostolat en s'adonnant à une pastorale minimum.

Aujourd'hui, la charité pastorale court spécialement le risque d'être vidée de son sens par ce qu'on pourrait appeler le *fonctionnalisme*. Il n'est pas rare en effet, de constater aussi chez certains prêtres l'influence d'une mentalité qui tend à tort à réduire le sacerdoce ministériel aux seuls aspects fonctionnels. «Faire» le prêtre, rendre des services particuliers et garantir quelques prestations serait toute la raison de l'existence sacerdotale. Cette conception réductrice de l'identité et du ministère sacerdotal risque de mener la vie des prêtres vers un vide souvent compensé par des formes de vie non conformes à leur ministère.[41]

---

41 Congrégation pour le Clergé, Directoire pour le ministère et la vie des prêtres, 1994, n°44

Il est encourageant d'observer aujourd'hui qu'une immense majorité de prêtres de tous les âges exercent leur ministère dans un engagement plein de joie, souvent fruit d'un héroïsme silencieux, travaillant jusqu'au bout de leurs forces et sans voir parfois les fruits de leur labeur.[42]

C'est ici l'occasion de rendre hommage à de nombreux prêtres dans les différents diocèses d'Afrique ayant succombé de suite des maladies sans avoir pu bénéficier des soins appropriés pour la seule raison qu'ils exerçaient leur ministère loin de grands centres hospitaliers qu'ils n'avaient pas pu joindre à cause des difficultés liées à l'impraticabilité des routes et même au manque de moyen d'évacuation ; nous rendons également hommage à de nombreux confrères, victimes des conflits armés dans les différents pays africains. Ils méritent d'être comptés parmi les héros de l'Évangile.

8. Des prêtres peu cultivés : nécessité de la formation permanente

Préoccupés par le problème de survie, le fameux problème des impératifs du ventre ou de «la gouvernementalité du ventre», selon l'expression de Jean-François Bayart,[43] on assiste progressivement à la montée d'une classe de clercs peu cultivés,

---

42 Ibidem, n°37

43 J-F. BAYART, *L'État en Afrique. La politique du ventre*, pp. 281-315

extrêmement soucieuse de son statut social, attirée par le jeu de l'argent, et dont le niveau théologique a sensiblement baissé. Ce que déplorait jadis un rapport de la rencontre du clergé Dahoméen s'observe encore de nos jours :

« ...les prêtres apparaissent comme des fonctionnaires du culte sans jeunesse d'esprit ; ils ne cherchent plus à se cultiver...Or la formation de beaucoup de prêtres est déjà déphasée par rapport aux exigences du monde actuel. Leur culture est insuffisante, vieillotte.»[44]

C'est à ce niveau qu'il s'avère nécessaire de rappeler la nécessité de la formation permanente dont les prêtres devraient être des bénéficiaires afin de raviver le don que Dieu a déposé en eux (2Tm 1, 6), exactement comme on attise le feu sous la cendre. La formation permanente des prêtres est d'abord une exigence de leur croissance humaine, chaque vie étant un cheminement vers la maturité qui exige une formation continue. Peut-on imaginer une profession, un engagement ou un travail qui ne demande une mise à jour pour demeurer efficace ? Il y a donc l'exigence de rester au pas avec le cheminement de l'histoire qui justifie la formation permanente.[45]

---

[44] Cf. Rapport de la 9éme Rencontre du Clergé Dahoméen (27 décembre 1973) ; Dossier « Confluents », 10).
[45] Cf. *Pastores dabo vobis*, n° 70

Dans une société en rapide mutation des conditions sociales et culturelles des personnes et des peuples qui côtoient le prêtre ou que le prêtre côtoie au quotidien, cette formation s'avère particulièrement urgente. Elle exige des adaptations, des mises à jour et des rectifications pour que le prêtre soit capable d'aborder et de dialoguer sans complexe avec toutes les couches de la société, des chrétiens ordinaires aux étudiants, chercheurs, professeurs, acteurs politiques, cadres des entreprises...

Il est indispensable, pour y parvenir de se créer des espaces et des temps de désert ; en effet une certaine forme de solitude est aussi nécessaire pour sa formation intellectuelle, spirituelle, humaine et morale, et c'est Jésus lui-même qui en donne l'exemple, lui qui savait se retirer derrière la montagne pour prier dans la solitude (Mt 14, 23).

Il convient de proscrire ici l'idée dangereuse selon laquelle la formation sacerdotale surtout dans son aspect intellectuel, s'arrête avec la fin de sa formation au grand séminaire. Un tel sentiment de satiété s'observe surtout chez les jeunes prêtres fraîchement sortis des séminaires. Un prêtre non cultivé constitue un danger pour l'avenir de l'Église.

Pour clore ce point relatif à la nécessité de la formation continue du prêtre, nous reprenons ces paroles de l'exhortation apostolique post-synodale «*Pastores dabo vobis*» qui souligne que l'effort pour la formation permanente est d'abord individuel :
«C'est chaque prêtre qui est le premier responsable

de sa formation permanente dans l'Église. C'est à chaque prêtre qu'incombe réellement ce devoir, enraciné dans le sacrement de l'Ordre, d'être fidèle au don de Dieu et au dynamisme de conversion quotidienne venant du don lui-même. Les règlements et les normes...ne suffisent pas à rendre attrayante la formation permanente si chacun n'est pas personnellement convaincu de sa nécessité...La formation permanente maintient la jeunesse de l'esprit, ce que personne ne peut imposer de l'extérieur, mais que chacun doit puiser continuellement en lui-même. Celui-là seul qui garde toujours vivant le désir d'apprendre et de grandir possède cette « jeunesse.»[46]

A côté de la formation permanente s'inscrit aussi l'urgence des temps sabbatiques. Le danger de l'habitude, la fatigue physique due au surmenage auquel les prêtres sont soumis surtout aujourd'hui à cause des activités pastorales, des conditions de vie précaires, de la fatigue psychologique elle-même souvent causée par la lutte continue contre l'incompréhension, les sous-entendus, les préjugés, les tensions, voilà autant des facteurs pouvant introduire le découragement dans l'âme des prêtres.

C'est pourquoi, il est recommandé que les prêtres, malgré les urgences pastorales, bénéficient de périodes plus ou moins longues — selon les possibilités réelles — pour parler plus longuement et

---

[46] *Pastores dabo vobis*, n°79

plus intensément avec le Seigneur Jésus, reprenant force, courage, fraîcheur, énergie, motivation et détermination pour continuer leur chemin de sanctification.[47] Dans certains cas, il pourra être utile que ces haltes aient comme finalité l'étude ou la mise à jour dans les sciences sacrées, sans oublier pour autant le ressourcement spirituel et apostolique. Il ne s'agit donc pas d'un temps de vacances où l'on s'adonne à toute sorte de distractions et de réjouissances ; ce serait vider de tout son sens la période sabbatique.

---

47 Cf. Directoire pour le ministère et la vie des prêtres, n° 83

Chapitre 3. Propositions et suggestions pour une invention de l'avenir

1. Le redressement comme œuvre de l'Église locale : fondement biblique

Les évangiles sont parsemés d'exemples où Jésus est préoccupé du redressement de l'homme terrassé par les maux de tout genre. Dans Luc 13, 11-13, l'exemple de la guérison de la femme courbée pourrait bien être le symbole de nos Églises que le Christ nous demande de relever :
«Et voici, il y avait là une femme possédée d'un esprit qui la rendait infirme depuis dix-huit ans; elle était courbée, et ne pouvait pas du tout se redresser. Lorsqu'il la vit, Jésus lui adressa la parole, et lui dit: Femme, tu es délivrée de ton infirmité. Et il lui imposa les mains. A l'instant elle se redressa, et glorifia Dieu».
Il y a ensuite la guérison du paralytique :
«Là se trouvait un homme malade depuis trente-huit ans. Jésus, l'ayant vu couché, et sachant qu'il était malade depuis longtemps, lui dit : Veux-tu être guéri? Le malade lui répondit : Seigneur, je n'ai personne pour me jeter dans la piscine quand l'eau est agitée, et, pendant que j'y vais, un autre descend avant moi. Lève-toi, lui dit Jésus, prends ton grabat, et marche. Aussitôt cet homme fut guéri ; il prit son grabat, et marcha.»

Cet homme que Jésus voit ici est caractérisé premièrement par son horizontalité : il est gisant, à l'horizontal ; il est ensuite passif car il faut qu'on le porte ; et enfin, il est attardé dans son parcours parce qu'il ne marche pas. La démarche de Jésus consiste à le faire passer de la passivité à l'activité ; de l'horizontalité à la verticalité parce qu'il lui ordonne de se lever, de cesser d'être immobile et de marcher. Il lui permet de sortir de la dépendance.

Or ce sont les énormes carences de nos diocèses : la plupart gisent au lieu d'être debout ; ils ne sont pas porteurs, il faut qu'on les porte matériellement et financièrement ; ils ne sont pas marchant dans le libre espace car ils sont dans un espace de dépendance matérielle. «Il ne s'agit donc pas de redresser des situations économiques, politiques, sociales, culturelles ou religieuses, ce qui implique la dépendance ; il s'agit plutôt de contribuer à ce qu'un peuple se remette debout pour redresser lui-même la situation où il se retrouve victime, qu'il prenne son grabat et qu'il marche.»[48] Léon Diouf comprend dans cet épisode que le redressement consiste «à se mettre debout, non pas en s'appuyant sur des béquilles, mais en trouvant en soi-même des formes peut-être jusque-là inexplorées.»[49]

Un autre texte très évocateur est celui de la guérison

---

[48] Léon DIOUF, *Église locale et crise africaine. Le diocèse de Dakar*, Karthala, Paris, 2001, p. 197
[49] Ibidem, p. 197

de l'infirme de la Belle Porte par Pierre et Jean dans les Actes des Apôtres 3, 1-11 :

«Pierre et Jean montaient ensemble au temple, à l'heure de la prière : c'était la neuvième heure. Il y avait un homme boiteux de naissance, qu'on portait et qu'on plaçait tous les jours à la porte du temple appelée la Belle, pour qu'il demandât l'aumône à ceux qui entraient dans le temple. Cet homme, voyant Pierre et Jean qui allaient y entrer, leur demanda l'aumône. Pierre, de même que Jean, fixa les yeux sur lui, et dit: Regarde-nous. Et il les regardait attentivement, s'attendant à recevoir d'eux quelque chose. Alors Pierre lui dit : Je n'ai ni argent, ni or; mais ce que j'ai, je te le donne : au nom de Jésus Christ de Nazareth, lève-toi et marche. Et le prenant par la main droite, il le fit lever. Au même instant, ses pieds et ses chevilles devinrent fermes ; d'un saut il fut debout, et il se mit à marcher. Il entra avec eux dans le temple, marchant, sautant, et louant Dieu. Tout le monde le vit marchant et louant Dieu. Ils reconnaissaient que c'était celui qui était assis à la Belle porte du temple pour demander l'aumône, et ils furent remplis d'étonnement et de surprise au sujet de ce qui lui était arrivé. Comme il ne quittait pas Pierre et Jean, tout le peuple étonné accourut vers eux, au portique dit de Salomon.»

Ce texte intéresse à cause de la transformation du statut de l'infirme. Du statut d'objet livré à l'assistance, à la passivité, à l'immobilisme et à la dépendance parce que porté par les membres de sa famille tous les jours devant la porte du Temple et comptant sur la générosité des juifs pour l'aumône, il passe au statut de sujet capable de se mettre debout, de devenir actif et de marcher pour avoir la possibilité de travailler afin de gagner son pain tout seul. Il cesse d'être un assisté et un mendiant pour devenir indépendant et autonome. L'infirme est saisi par la main droite ; le verbe employé par Pierre est «lève-toi» (du grec egeirô), un verbe utilisé souvent pour parler de la résurrection. L'infirme ainsi guéri est plus qu'un malade qui recouvre la santé ; son relèvement est un geste recréateur qui le libère de son handicap, non seulement physique, mais aussi social − par sa réintégration et la création de nouveaux liens avec sa communauté (vv. 8 et 11a) -, religieux − car il a accès au Temple et peut aussi louer Dieu (v. 9) , et économique car il peut désormais travailler pour sa subsistance ; il peut se prendre en charge. S'agissant de l'auto-prise en charge des communautés, Saint Paul, s'adressant aux Thessaloniciens, les exhorte à travailler pour ne pas être à la charge de quelqu'un : «Frères, nous vous ordonnons d'éviter tous ceux d'entre vous qui vivent dans l'oisiveté, et ne suivent pas la tradition que vous avez reçue de nous. Nous n'avons pas vécu parmi vous dans l'oisiveté, et le pain que nous avons mangé, nous n'avons demandé à personne de nous en faire cadeau ; au contraire, dans la fatigue et la peine, nuit et jour, nous avons travaillé pour n'être à la charge d'aucun d'entre vous. Nous avons voulu être pour vous un modèle à imiter.» (2 Th 3, 7-9)

2. De la dépendance à l'autonomie

Quand l'Église entretient une mentalité de dépendance, les leaders qu'elle produit ont la même mentalité. Comment ces Églises pourront-elles avoir un impact dans la société ? Le renouveau dans la société est lié à la vitalité de l'Église. Toute organisation a besoin d'idées fraîches, neuves, pour sa vitalité ; sinon, elle se fossilise, avec des gens loyaux, mais qui sont incapables de renouveler la vision.[50]

La première étape décisive consiste à changer de mentalité : vouloir changer l'image que l'Église a d'elle-même ! Cela n'est pas une question de richesse ni de pauvreté ! Pour cela, il va falloir motiver, développer l'imagination et la créativité , conduire dans un engagement total vers l'autonomie, en commençant par les leaders. Un certain nombre de facteurs favorisent le mouvement vers l'auto-prise en charge matérielle, dont un mérite d'être signalé, à savoir : la restructuration du passé. Les Églises doivent courageusement remettre en cause certaines institutions du passé, héritées du système

---

50 Cf. L'article «*La dépendance financière des églises établies par les missions : problèmes et enjeux*», dans le site Matthieu 24-14 de Pascal et Fabienne Bonnaz : http://matthieu2414free.fr/index.php?option=com_content&view=article&id=118:dependance-des- eglises-face-aux-missions&catid=8&Itemid=64

missionnaire, et faire de l'autofinancement un cheval de bataille. Il faut parfois renoncer à certains «privilèges», qui en fait asservissent ! Pour améliorer les finances de l'Église, il faut impliquer les chrétiens hommes d'affaires, chefs d'entreprises, commerçants. Il faut du temps pour que les gens assimilent le fait que la « propriété» leur est transférée, et que si quelque chose doit être entrepris, ce sera par leurs propres efforts.[51]

Les Églises doivent travailler à cela dans le temps, former les gens, préparer le terrain ; elles doivent développer la créativité locale pour mettre en valeur et libérer les ressources. Pour une meilleure autoprise en charge, il faut par ailleurs s'imprégner des causes qui engendrent et perpétuent la dépendance ; seulement alors, on peut envisager des solutions ; et dans le cas des Églises d'Afrique, ces causes ont été évoquées plus haut.

Il faut d'abord chercher à résoudre les difficultés locales autrement qu'avec de l'argent étranger ! Il y a un grand prix à payer pour passer de la dépendance à l'autonomie. Les responsables des Églises auront à dire parfois «non merci» à certaines propositions de financement extérieur. D'autres devront avoir le courage de demander l'arrêt de leur soutien régulier, en provenance de l'étranger. Ceci s'est produit en Afrique de l'Est, dans les milieux protestants, dans les années 1970 : des dirigeants d'Églises ont décidé

---

51 Ibidem

de ne plus percevoir leurs salaires, versés depuis Outre-mer. Il s'est alors produit une mobilisation financière exceptionnelle dans les Églises, qui ont non seulement soutenu leurs pasteurs, mais aussi payé leurs bâtiments et leurs propres véhicules.[52]

Les croyants des Églises dépendantes doivent ensuite apprendre ce qu'est le sentiment de «vraie propriété personnelle». Lorsque les croyants prennent conscience qu'ils sont propriétaires de leur propre Église et de son fonctionnement, ils acquièrent un nouveau sens de la responsabilité. Ils vont alors trouver des ressources locales qu'ils ne soupçonnaient pas auparavant. Ils auront à cœur de soutenir leur Église. C'est seulement quand la «propriété locale» est bien établie, que les chrétiens découvrent la joie de soutenir par eux-mêmes.[53]

Il faut enfin donner toujours priorité aux ressources locales, par rapport aux ressources mondiales ou extérieures. C'est ainsi que les croyants prennent leurs responsabilités, et que leur sentiment de dignité personnelle est le mieux préservé. Certains pensent que l'Occident est riche, donc il doit «aider» dans tous les cas ! Il est cependant préférable de mobiliser d'abord au maximum les ressources locales. Cela encouragerait les fidèles à entreprendre des initiatives, et à s'aider eux-mêmes. Si l'aide extérieure est indispensable dans certains cas, le défi est de faire

---

52 Ibidem
53 Ibidem

en sorte que les ressources et aides externes ne viennent pas détruire le peu de ressources locales existantes, et ne laissent la communauté encore plus dépendante et passive. Cependant, il faut un réel réveil spirituel pour résoudre ces questions. C'est en ayant d'abord une vraie vie spirituelle, que l'on pourra mettre en place une bonne gestion.[54]

3. Organisation des structures de développement

Pour que nos Églises soient à même de se prendre en charge, il est indispensable de créer de véritables structures de développement. Il n'est pas normal que des diocèses en forte croissance du nombre des prêtres ne comptent que sur leurs économats généraux dont les caisses sont souvent déficitaires, comme nous l'avons souligné.
Il existe en République Démocratique du Congo des diocèses qui comptent plus de 350 prêtres. Comment imaginer que 350 prêtres aient les yeux tournés vers l'économat pour obtenir des solutions aux problèmes tant pastoraux que personnels ?
 C'est pourquoi, nous préconisons plutôt la décentralisation au niveau des économats généraux. Que soit favorisée plutôt la création des unités de production au niveau des paroisses, quitte à étudier les modalités, les opportunités et les potentialités qu'offre chacune d'elles, selon qu'elles sont urbaines, semi-urbaines ou rurales.

---

[54] Ibidem

Que les laïcs soient de plus en plus responsabilisés avec des créations telles que les conseils paroissiaux pour les affaires économiques en exploitant les compétences des uns et des autres. Avec l'auto-prise en charge des paroisses à travers les unités de production, une contribution des paroisses à l'économat du diocèse pourrait ensuite être envisagée en tenant compte des revenus de chacune.

Il s'agit donc d'une «réinvention des chemins de développement endogène avec un renforcement des moyens de vérification, parmi lesquels : l'exigence de fournir chaque fois le rapport annuel de gestion, l'obligation d'un réel conseil paroissial ou diocésain pour les affaires économiques et la formation appropriée du clergé et des laïcs dans les domaines de la comptabilité et gestion.»[55]

Dans ce contexte, les économats généraux seraient moins sollicités et ne pourraient intervenir que pour certains cas spécifiques.

Au sujet des économats, il est important que dans la nomination des économes généraux, l'on tienne compte des critères objectifs, vu les nombreuses difficultés rencontrées par bon nombre de diocèses dans la gestion : détournements, fuite des économes généraux, gestion anarchique et cavalière. Il convient donc de prendre en compte, dans le recrutement des économes, des critères tels que l'amour et le sens de l'Église, l'abnégation, la bonne moralité, l'esprit de

---

[55] Ruphin ISAY ONKIRI, Op. Cit., p. 347

sacrifice et de renoncement ; en effet, la seule compétence ne suffit plus aujourd'hui, surtout lorsqu'elle est mise à son propre service au lieu de servir la communauté.

Par ailleurs, ne pourrait-on pas imaginer l'autofinancement en prenant en compte des avancées technologiques très remarquables, surtout dans le domaine de l'informatique : internet, téléphonie,...?

La plupart des pays africains regorgent d'énormes richesses tant minières qu'agricoles, avec une richesse en eau également : pourquoi ne pas tirer profit de toutes ces potentialités qui s'offrent également aux Églises dont les membres sont fils de ces pays ?

Ce sont là des pistes des solutions qu'on prendrait soin d'approfondir en imaginant des stratégies de leur mise en œuvre.

CONCLUSION

«Des raisons d'espérer»

Pour conclure cet ouvrage, nous voulons délibérément montrer notre optimisme par l'affirmation de la conviction selon laquelle la dépendance peut être vaincue ; elle n'est pas irrémédiable, elle n'est pas une fatalité ! Ce défi requiert plus de créativité et d'imagination. En effet, la plupart des diocèses n'imaginent et n'inventent rien au-delà des structures héritées des missionnaires et qui ne sont plus très rentables de nos jours.

Il existe dans l'Église de la République Démocratique du Congo, des diocèses qui, de plus en plus, prennent conscience de l'urgence de la situation et tentent à leur façon de s'inventer un avenir. Les quelques exemples donnés ici suffisent à montrer la volonté et la détermination à vouloir sortir du «ghetto». Nous donnons, juste comme illustration, trois diocèses de la République Démocratique du Congo – pays que nous connaissons mieux - dont les initiatives peuvent inspirer d'autres dans le cadre des échanges d'expériences et de collaboration entre les Églises : il s'agit des diocèses de Kilwa Kasenga, Tshumbe et Idiofa. Ce faisant, nous ne sous-estimons pas les efforts d'autres diocèses au Congo et en Afrique qui cherchent à se relever, et ils sont nombreux. En effet, d'une part, les informations recherchées ont tardé à nous parvenir ; et d'autre part, ils sont malheureusement plus nombreux les diocèses qui ne disposent pas des sites consultables, et quand même ils en disposent, ils sont généralement dépourvus d'informations nécessaires.

Le diocèse de Kilwa Kasenga, dirigé par Monseigneur Fulgence Muteba, intéresse notre recherche pour son projet de construction du bateau dénommé «Santa Maria». C'est un projet pastoral et social de grande envergure visant à résoudre la difficulté qu'éprouvaient les riverains pour se déplacer et déplacer leurs productions vers les centres de consommation.

En effet, plusieurs cas de noyades avaient été enregistrés durant ces dernières décennies à cause de manque d'embarcations adéquates. Le bateau ''Santa Maria'' fabriqué par les ingénieurs congolais du diocèse de Kilwa Kasenga, avec l'appui financier des OPM (œuvres pontificales missionnaires) de Rome et des hommes de bonne volonté, compte 260 places assises, deux cellules VIP et une unité médicale pour les soins des riverains. La construction de ce bateau constitue un véritable défi relevé par le diocèse de Kilwa Kasenga sur le chemin du développement de cette entité ecclésiastique dont le territoire est baigné en grande partie par les eaux du lac Moero et de la rivière Luapula. Il sillonne actuellement les eaux du lac Moero et de la rivière Luapula..[56]

---

[56] Nous tirons ces informations d'un article intitulé « *Le bateau Santa Maria de Kilwa Kasenga démarre du service* » écrit par

Il y a ensuite le diocèse de Tshumbe avec sa «Caisse de Solidarité sacerdotale».

Si nous avons tenu à faire allusion à cette expérience, c'est parce que derrière cette disposition se trouve le souci pour le pasteur de cette Église de résoudre une question de justice et d'équité. En effet, il est injuste et injustifié que, par le seul fait de nomination, certains prêtres perçoivent d'importantes sommes d'argent en termes de salaire et que d'autres, par la même nomination, croupissent dans une misère pitoyable qui conduit droit à leur «clochardisation» dans les coins les plus retranchés de leurs diocèses. Devant une pareille injustice quasi «institutionnalisée», qu'on ne s'étonne pas de nos jours que les nominations riment avec la promotion, la carrière donnant accès à l'indépendance matérielle et à d'autres avantages ; qu'on ne s'étonne pas de l'existence d'une certaine catégorie des prêtres qui ne rêvent qu'à des postes et au pouvoir pour la satisfaction de leurs besoins et l'assurance de leur avenir et de celui de leurs familles, sans le moindre souci de la finalité apostolique de leurs charges. En effet, la différence de traitement engendre de véritables complexes entre les prêtres. Ils sont peut-être déjà nombreux les diocèses où existent des caisses de solidarité sacerdotale ; mais notre vœu est de les voir s'étendre dans tous les diocèses pour

---

Odilon et posté le 06 mai 2014. Voir le site http://www.lacroisette.org/

promouvoir la péréquation et l'égalité dans le traitement et lutter contre la disparité injustifiée.

Mgr Nicolas Djomo, Évêque de Tshumbe, après avoir écouté son conseil presbytéral, a décrété en 2012 la création d'une caisse de solidarité sacerdotale pour son clergé. C'est dans la mise en pratique de l'esprit de partage et pour cultiver la charité ainsi que la solidarité entre les prêtres diocésains que cette pratique a vu le jour.

Sont concernés tous les prêtres ayant reçu de l'évêque un office salarial (professeurs d'université, préfets et enseignants ou directeurs des projets), ceux disposant de l'industria propria et ceux qui sont en séjour temporaire en mission dans les pays étrangers[57].

Les bénéficiaires sont des prêtres n'ayant pas une charge salariale et qui ont besoin d'un petit pécule pour vivre. Cette charité sacerdotale porte aussi l'attention sur l'assistance aux soins médicaux des prêtres et à des interventions ponctuelles auprès des familles des prêtres qui seront éprouvées ou du soutien de l'un ou l'autre parent veuf en situation très délicate de survie. La commission ayant la charge de gestion directe de cette caisse est constituée de 3 prêtres.

---

57 Voir le site du diocèse de Tshumbe : http://diocese-tshumbe-ste.marie.over-blog.com/article-creation-d-une-caisse-de-solidarite-

Il y a enfin, le diocèse d'Idiofa.[58] Ce diocèse gère une ASBL, le COMBILIM, un complexe agropastoral pour l'autopromotion et l'encadrement de la population paysanne en vue d'un développement intégral. Il s'agit d'une usine de transformation des produits agricoles financée par l'organisme d'aide allemand *Misereor* qui vise à aider les paysans et les paysannes d'Idiofa à transformer et à commercialiser leurs produits agricoles : riz, café, arachides, soja, maïs, manioc, millet, etc.

Ses actions s'articulent autour des achats, de l'évacuation, de traitement (décorticage, mouture, torréfaction, rabotage …) et de la distribution de ces produits (paddy, café, maïs, manioc, arachide, soja, bois) vendus sur le marché local et/ou acheminés vers les grands centres de consommation (Kikwit, Kinshasa, Tshikapa, Ilebo …) et enfin l'encadrement des paysans.

En plus, l'ASBL COMBILIM produit et distribue de l'énergie hydroélectrique à partir de sa centrale installée sur la rivière Musanga. Ce qui facilite le travail de l'hôpital général ainsi que de la REGIDESO au service de la population. Bien que connaissant des difficultés liées, entre autres, à la vétusté des machines et matériels de fonctionnement, ainsi qu'à l'insuffisance de fonds de roulement, COMBILIM est dans une phase de réorganisation avec un personnel

---

[58] Toutes les informations que nous livrons ont été tirées du site du diocèse d'Idiofa : http://www.idiofadiocese.com

assez dévoué. Il y a ensuite le Centre de spiritualité et des réunions «Nto Luzingu»

C'est une maison de retraite et d'accueil inaugurée en 1988, avec une capacité d'accueil de plus de 100 personnes. Bien que n'ayant pas un statut d'hôtellerie, Nto-Luzingu est à ce jour, le cadre idéal pour recevoir les invités de marque à Idiofa. Le service d'accueil et de restauration est assuré par la congrégation des sœurs immaculées de Chartres.

Activités de l'économat

Le diocèse a acquis en 2011 un grand camion Iveco Euro Trakker de 38 tonnes et en 2012 un autre camion Mercedes 1017 qui sont d'un grand secours dans le fonctionnement. Cette acquisition a permis de recourir à un capital d'emprunt pour faire fonctionner régulièrement la chambre froide avec une rotation de 250 à 300 cartons de vivres frais, en même temps que la station-service avec une rotation de 15.000 litres de Gas-oil.

L'économat dispose d'une menuiserie dont il cherche à relancer les activités au cas où il arrivait à se procurer des pièces de rechange. Néanmoins, la tronçonneuse fournit du bois destiné aux travaux de construction des ouvrages, mais aussi à la vente locale. Le diocèse attend sa machine à briques moderne (hydraform) pour la fabrication des briques stabilisées à enchevêtrer sans mortier. Ce qui est une avancée pour l'habitat au diocèse.

Il y a aussi le redémarrage des élevages à la nouvelle ferme du diocèse acquise sur un terrain en location à Tomoti. On y a placé le gros bétail qui redonne espoir et on y prépare la pisciculture avec un étang de 1,5 Ha ainsi que la volaille pour l'avenir.

Du gouvernement le diocèse a obtenu deux tracteurs. Des contacts sont pris pour trouver des terrains de brousse où l'économat pourra faire des champs.

Il y a enfin, la promulgation d'un décret portant sur organisation des impôts ecclésiastiques, des offrandes, des quêtes et des taxes. Conscient de la situation économique et financière que traverse son diocèse, Monseigneur José MOKO, avait décrété dans la perspective de «l'année de la Foi», l'année 2013-2014, comme «Année de la reconstruction économique du diocèse» en invitant chaque chrétien de son diocèse à participer à la reconstruction du capital économique du diocèse. Il a mis à profit les prérogatives que lui offre le code de droit canonique. Trois catégories des personnes, institutions et groupes sont concernées :

D'abord : les paroisses ; ensuite : les professeurs, les chefs de travaux, les assistants, les préfets mécanisés, les coordinateurs, les enseignants mécanisés, les enseignants bénéficiant d'une prime ainsi que les prêtres de la diaspora ; enfin, les institutions et services, ainsi que les différents mouvements : les coordinations, les écoles, les enseignants, les élèves (comme soutien à l'éducation chrétienne), les hôpitaux, les médecins, les centres de santé, les infirmiers, caritas, Combilim, ouvriers salariés du diocèse, ainsi que les mouvements d'action catholique (Légion de Marie, renouveau charismatique, Focolari, Associés de la sainte famille, mamans catholiques, familles chrétiennes, Fondacio, Bondeko, les femmes seules avec Jésus, Bilenge ya Mwinda, Kizito-Anuarite, Scouts, aspirants).

Toutes ces contributions sont versées à l'économat diocésain qui informe tous les contribuables et les utilise conformément aux directives de l'évêque.

Nous concluons cet ouvrage par cette exhortation de Jean-Paul II qui rappelle que l'auto-prise en charge d'une Église est un signe et une preuve de sa maturité. Il invite à en faire une priorité :
«Il est donc urgent que les Églises particulières d'Afrique se fixent pour objectif d'arriver au plus tôt à pourvoir elles-mêmes à leurs besoins et à assurer leur autofinancement. Par conséquent, j'invite instamment les conférences épiscopales, les diocèses et toutes les communautés chrétiennes des Églises du continent, chacune en ce qui la concerne, à faire diligence pour que cet autofinancement devienne de plus en plus effectif...Il ne faut d'ailleurs pas oublier qu'une Église ne peut arriver à l'autosuffisance matérielle et financière que dans la mesure où le peuple qui lui est confié ne subit pas une misère extrême.»[59]

---

59 Jean-Paul II, *Ecclesia in Africa,* n° 104

BIBLIOGRAPHIE

A. OUVRAGES

BAYART (Jean-François) : *L'État en Afrique. La politique du ventre*, fayard, Paris, 2000, 439 p.
BOFF (Leonardo) : *La nouvelle évangélisation. Perspective des opprimés*, Cerf, Paris, 1992, 176 p
DANIELOU (Jean) : *Le mystère du salut des nations*, Seuil, paris, 1946, 146 p.
DE MEESTER (Paul), *Où va l'Église d'Afrique ?*, Cerf, Paris, 1980, 230 p.
DIOUF (Léon) : *Église locale et crise africaine. Le diocèse de Dakar*, Karthala, Paris, 2001, 305 p.
ELA (Jean-Marc) : *Le cri de l'homme africain. Questions aux chrétiens et aux Églises d'Afrique*, L'Harmattan, Paris, 1993, 173 p.
ELA (Jean-Marc) et LUNEAU (René) : *Voici le temps des héritiers. Églises d'Afrique et voies nouvelles*, Karthala, Paris, 1981.
HEBGA (Meinrad) : *Émancipation des Églises sous-tutelle. Essai sur l'ère post-missionnaire*, Présence Africaine, Paris, 1976, 174 p
ISAY ONKIRI RUPHIN, *L'impact de l'économie sur la pastorale du diocèse d'Idiofa en République Démocratique du Congo. Analyse des répercussions sur l'exercice ministériel des prêtres* (Thèse de Doctorat), Université de Montréal, 2011.
KÄ MANA : *La nouvelle évangélisation en Afrique*, Karthala, Paris, 2000, 217 p.

KUMBU KI KUMBU (Eleuthère) : *Vie et ministère des prêtres en Afrique*, Karthala, Paris, 1996, 419 p.
LUNEAU (René) : *Laisse aller mon peuple ! Églises africaines au-delà des modèles ?*, Karthala, Paris, 1987, 193 p.
LUNEAU (René) et MICHEL (Patrick) (sous la dir.) : *Tous les chemins ne mènent plus à Rome. Les mutations actuelles du Catholicisme*, Albin Michel, paris, 1995, 439 p.
MUDIMBE (Vumbi Yoka) : *Entre les eaux*, Présence Africaine, Paris, 1997, 189 p.
PENOUKOU (Julien) : *Églises d'Afrique. Propositions pour l'avenir*, Karthala, Paris, 1984, 164 p.
WAMU OYATAMBWE : *Église catholique et pouvoir politique au Congo-Zaïre. La quête démocratique*, L'Harmattan, Paris, 1997, 205 p.

B. DOCUMENTS DU MAGISTERE

CONGREGATION POUR LE CLERGE : *Directoire pour le ministère et la vie des prêtres*, Libreria Editrice Vaticana, Città del Vaticano, 1994.
CONGREGATION POUR LES INSTITUTS DE VIE CONSACREE ET DES SOCIETES APOSTOLIQUES
   «Vie fraternelle en communauté», Libreria Editrice Vaticana, Città del Vaticano, 1994.
CONCILE VATICAN II: *Constitutions, décrets, déclarations, messages, textes français et latin*s, éd. du Centurion, Paris, 1967
CONFERENCE EPISCOPALE DU ZAÏRE (CEZ):

Statuts du clergé diocésain, 1980.

Id. : *Ministère et vie des prêtres au Zaïre: instructions et directives pastorales de l'épiscopat*, Kinshasa, 1991.

C. ARTICLES DANS LES SITES

http://religions.free.fr/1400_actualite/1441-clercs-maduku.htm NDONGALA MADUKU (Ignace) : « *La situation du clergé africain aujourd'hui* » in Dossier « Des prêtres noirs s'interrogent. »
http://www.lachristite.eu/archives/2014/09/07/30545529.htm: article de Jean-Marie Martin
http://matthieu2414.free.fr/index.php option=com_content&view=article&id=118:dependance-des-eglises-face-aux-missions&catid=8&Itemid=64
 http://www.idiofadiocese.com
http://diocese-tshumbe-ste.marie.over-blog.com/article-creation-d une-caisse-de-solidarite-

TABLE DES MATIERES

Introduction 9

Chapitre 1. La crise financière dans les Églises d'Afrique : les causes 17
    1. Le syndrome de la dépendance financière extérieure. 17
    2. Mauvaise gestion des ressources 21
    3. La prise en charge des prêtres, séminaristes, animateurs pastoraux et ouvriers 22

Chapitre 2. Impact de la crise financière sur la vie et le ministère des prêtres. 25
    1. La pauvreté du clergé diocésain : prêtres, agents bénévoles ? 25
    2. Le syndrome des nominations : pour une pratique démocratisée de l'exercice du pouvoir épiscopal 31
    3. La recherche des intérêts personnels 37
    4. Haut et bas clergé ! 37
    5. Le tribalisme et le favoritisme 38
    6. Rivalités et jalousies : pour une redécouverte de la fraternité sacerdotale 42
    7. Relativisme et diminution du zèle pastoral 45
    8. Des prêtres peu cultivés : nécessité de la formation permanente 46

Chapitre 3. Propositions et suggestions pour une invention de l'avenir 51
    1. Le redressement comme œuvre de l'Église locale: fondement biblique. 51
    2. De la dépendance à l'autonomie 55
    3. Organisation des structures de développement 58

Conclusion 61

Bibliographie 69

Religion

aux éditions L'Harmattan

Dernières parutions

PENSER LA LAÏCITÉ DANS LES PAYS ARABES
De la Renaissance arabe à nos jours
Benzenine Belkacem
L'élaboration de l'idée de laïcité est une démarche pour dépasser l'Histoire et s'ouvrir à l'époque présente. Telle est la conception des penseurs arabes libéraux du principe de la séparation entre le politique et le religieux. En posant la question de la laïcité à partir d'une réflexion philosophique et non religieuse, les penseurs arabes ont voulu sortir de la clôture qu'impose la pensée classique.
(Coll. Penser le temps présent, 35.00 euros, 340 p.)
ISBN : 978-2-343-00990-2, ISBN EBOOK : 978-2-336-36640-1

DE VERITAE
Essai sur les langages de la foi
De Borchgrave Rodolphe
Quelle est la signification de «vérité» ? Comment ce concept est-il entré dans le langage chrétien sur Dieu et les choses divines ? Cet usage est-il encore légitime aujourd'hui ? Une première partie est consacrée à la généalogie de la «vérité» et de son usage dans le langage chrétien, aux causes et au développement de la crise ainsi qu'aux réactions souvent malhabiles de l'institution. Une seconde partie analyse les caractéristiques linguistiques et s'interroge sur la possibilité d'y conserver une référence à la «vérité».
(Coll. Religions et Spiritualité, 18.00 euros, 180 p.)
ISBN : 978-2-343-04903-8, ISBN EBOOK : 978-2-336-36507-7

POUR VIVRE SON COUPLE DANS LA FOI
Beitia Philippe
Cet ouvrage propose de guider les couples chrétiens qui veulent vivre leur mariage dans la foi en abordant le thème du mariage comme sacrement, de la sexualité, du pardon, du dialogue. Pour cela, il est proposé une lecture des grandes lignes de l'enseignement du Père Caffarel, fondateur du mouvement de spiritualité conjugale que sont les Équipes Notre-Dame, complétée de témoignages d'équipiers.
(Coll. Religions et Spiritualité, 11.50 euros, 96 p.)
ISBN : 978-2-343-05398-1, ISBN EBOOK : 978-2-336-36738-5

JÉSUS ET LA MALADIE DANS L'ÉVANGILE DE JEAN
Ahiwa Jacques Assanvo - Préface de Michèle Morgen
L'évangile de Jean a une manière particulière de mettre en relief les maladies auxquelles Jésus se trouve confronté. Loin d'en faire une approche doloriste, le rédacteur essaie de montrer comment ces maladies peuvent être l'occasion pour l'oeuvre de Dieu de se manifester. Cette étude tente, à partir du rapport de Jésus à la maladie, de suivre les chemins tracés dans le récit par le narrateur, pour mener le lecteur à la découverte du message théologique qu'il veut lui communiquer.
(Coll. Religions et Spiritualité, 38.50 euros, 392 p.)
ISBN : 978-2-343-03804-9, ISBN EBOOK : 978-2-336-36602-9

RÉFLEXIONS SUR L'ÉGLISE CATHOLIQUE EN AFRIQUE
Djereke Jean-Claude - Préface de Kä Mana
«La force de la voix qui crie dans ce livre, c'est de considérer la nation ivoirienne, la société africaine et l'Église de Dieu, qui est en Afrique, du point de vue de la vérité de l'Évangile afin de parler comme devrait parler de nos jours tout vrai prophète : directement, fortement, rageusement, sans concession, mais toujours dans le but de montrer ce qui compte vraiment dans la vie». Kä mana
(Coll. Afrique liberté, 20.00 euros, 202 p.)
ISBN : 978-2-343-04580-1, ISBN EBOOK : 978-2-336-36619-7

FONCTIONS ET DÉFIS DU PASTEUR DANS L'AFRIQUE CONTEMPORAINE
Zacka Jimi P.
Le ministère pastoral connaît de profondes crises aujourd'hui en Afrique. L'auteur tente d'identifier les défis, d'élucider les fonctions pastorales et de clarifier les multiples tâches assignées au pasteur à travers l'analyse des textes bibliques. Le but de cet ouvrage est de proposer un parcours biblique qui permette d'entrevoir quelle figure du pasteur le Nouveau Testament met en scène sur la manière d'exercer le ministère pastoral.
(Coll. Études africaines, série Religion, 17.50 euros, 180 p.)
ISBN : 978-2-343-04663-1, ISBN EBOOK : 978-2-336-36813-9

DÉCONSTRUCTION D'UNE IMAGE DE JÉSUS : L'HISTORICITÉ ET LA NATURE
Réflexion à l'horizon d'une confrontation Orient-Occident sur fond de postmodernité
Han Hyung-Mo
Au départ de cet ouvrage est diagnostiquée une crise d'identité du christianisme coréen. Pour prendre la mesure de cette crise, une étude plus large des sociétés et des cultures s'avère nécessaire. L'auteur poursuit avec une prise de distance à l'égard des propositions chrétiennes classiques en confrontant les théologies de Christian Duquoc et Pierre Gisel. L'auteur ouvre alors sur une confrontation entre Occident et Orient autour de la question de la nature et du rapport de l'homme au monde, avec l'évocation de deux penseurs néoconfucianistes, Thomé H. Fang et Weiming Tu.
(Coll. Religions et Spiritualité, 32.00 euros, 424 p.)
ISBN : 978-2-343-05150-5, ISBN EBOOK : 978-2-336-36827-6

BIBLE (LA), VATICAN II ET L'AFRIQUE
De l'exégèse à une théologie du développement
Machia Machia Alain - Préface de Paulin Poucouta
Plusieurs tentatives de définition de la notion de développement l'ont souvent restreinte à la croissance économique. L'idée d'un développement intégral de l'Afrique est indissociable de l'effort de valorisation et de promotion de ce qui définit l'homme dans sa triple relation à Dieu, au monde et aux autres. La Bible inspire des paradigmes éthiques, écologiques et socioéconomiques non négligeables pour tout épanouissement transgénérationnel de l'homme.
(Coll. Harmattan Cameroun, 13.50 euros, 124 p.)
ISBN : 978-2-343-05313-4, ISBN EBOOK : 978-2-336-36607-4

HENRI REYMOND (1737-1820)
Évêque constitutionnel de l'Isère (1793-1802)
Évêque concordataire
de Dijon (1802-1820)
Rey Albert - Avec la collaboration de Jacques Rogé et Gilles-Marie Moreau
Préface de Mgr Guy de Kerimel ; postface de Mgr Roland Minnerath
Henri Reymond a traversé la période agitée de l'Ancien Régime à la Restauration en passant par l'Empire. Dauphinois né à Vienne, ardent défenseur du bas-clergé, il présente en 1789 un programme de réforme de l'Église. Élu évêque de l'Isère en 1792, il s'efforce de faire revivre une Église à bout de souffle. En 1801, à la suite du Concordat, il démissionne. Nommé évêque de Dijon en 1802, il s'attelle à la reconstruction du diocèse avec un grand souci des pauvres. Il meurt à Dijon en 1820.
(Coll. Religions et Spiritualité, 24.50 euros, 246 p.)
ISBN : 978-2-343-05088-1, ISBN EBOOK : 978-2-336-36428-5

INCOMPARABLES
Les mots d'amour des saints
Lelord Gilbert
Ce livre est un troisième ouvrage consacré aux saints et à l'amour et destiné aux jeunes. Sans prétendre décrire la sainteté, il n'est pas inutile de citer les saints en exemple. L'auteur présente la vie et la parole de douze saints : François d'Assise, Angèle de Foligno, Catherine de Sienne, Jeanne d'Arc, Thérèse d'Avila, Jean de la Croix, François de Sales, Vincent de Paul, Jean-Marie Vianney, Charles de Foucauld, Thérèse de Lisieux et Maximilien Kolbe.
(17.00 euros, 184 p.)
ISBN : 978-2-343-04129-2, ISBN EBOOK : 978-2-336-36282-3

CONCEPT (LE) D'INCULTURATION
Problématique d'un néologisme théologique
Bayili Blaise
Depuis les origines à nos jours, l'implantation de l'Église parmi les peuples s'est toujours traduite par une évangélisation des cultures, qui présuppose l'inculturation de l'Évangile. Mais si la réalité de l'inculturation de l'Évangile est une donnée concrète, le terme «d'inculturation» est, lui, un néologisme strictement théologique : d'où vient ce terme ? A-t-il un rapport avec d'autres

concepts relatifs à la culture ? Qui s'inculture ? Est-ce l'Église, l'Évangile, la culture en présence ?
(Coll. Afrique théologique & spirituelle, 19.00 euros, 200 p.)
ISBN : 978-2-343-05137-6, ISBN EBOOK : 978-2-336-36454-4

SAINT (LE) CORAN
La lumière divine
Contexte et commentaire par Hadja Oumou Bérété
Cet ouvrage présente le contexte de la prophétie monothéiste et les commentaires des sourates du Saint Coran. Les données du présent document sont fournies à titre indicatif, afin d'amener le lecteur à se référer constamment au Saint Coran pour identifier, s'approprier et appliquer, en toute connaissance de cause, les modalités d'acquisition des bienfaits divins, ici-bas et dans la vie future.
(Coll. Harmattan Guinée, 18.00 euros, 182 p.)
ISBN : 978-2-343-03389-1, ISBN EBOOK : 978-2-336-36438-4

JEÛNE (LE) DU RAMÂDAN
Fofana Mory
Le mois de Ramâdan est un moment historique. En effet, c'est pendant ce mois que le Coran a été révélé, au cours d'une nuit appelée Nuit du destin au prophète Mouhammad. L'auteur parle de l'importance de ce mois et montre que le Ramâdan unit les musulmans. Le jeûne pendant le mois de Ramâdan est un pilier de l'islam.
(Coll. Harmattan Guinée, 16.50 euros, 160 p.)
ISBN : 978-2-343-03390-7, ISBN EBOOK : 978-2-336-36396-7

DÉVELOPPEMENT INTÉGRAL ET PASTORALE POUR LA LIBÉRATION DE L'HOMME AFRICAIN
Anzian Pierre
La question du développement est-elle uniquement d'ordre économique ? Si non, quel est alors le principe herméneutique sur lequel l'Afrique doit s'appuyer pour lancer son développement ? L'auteur de cet ouvrage, philosophe et théologien, propose une pratique pastorale en vue de la libération de l'homme noir. Pour lui, le développement de l'homme trouve son fondement dans la personne de Jésus Christ.
(Coll. Croire et savoir en Afrique, 21.00 euros, 200 p.)
ISBN : 978-2-296-99898-8, ISBN EBOOK : 978-2-336-36347-9

SAGESSE ET PROPHÉTIE DANS L'HISTOIRE D'ISRAËL
Le sapientio-prophétisme
Wappou Daniel
Sagesse et prophétie dans l'histoire d'Israël est le résultat des recherches dans le domaine des rapports existant entre les sages et les prophètes. Il y est question de relever le rôle fondamental que la classe des sages a joué pour la pérennisation de la tradition prophétique après les prophètes.
(Coll. Harmattan Cameroun, 14.50 euros, 138 p.)
ISBN : 978-2-343-04818-5, ISBN EBOOK : 978-2-336-36412-4

L'HARMATTAN ITALIA
Via Degli Artisti 15; 10124 Torino
harmattan.italia@gmail.com

L'HARMATTAN HONGRIE
Könyvesbolt ; Kossuth L. u. 14-16
1053 Budapest

L'HARMATTAN KINSHASA
185, avenue Nyangwe
Commune de Lingwala
Kinshasa, R.D. Congo
(00243) 998697603 ou (00243) 999229662

L'HARMATTAN CONGO
67, av. E. P. Lumumba
Bât. – Congo Pharmacie (Bib. Nat.)
BP2874 Brazzaville
harmattan.congo@yahoo.fr

L'HARMATTAN GUINÉE
Almamya Rue KA 028, en face
du restaurant Le Cèdre
OKB agency BP 3470 Conakry
(00224) 657 20 85 08 / 664 28 91 96
harmattanguinee@yahoo.fr

L'HARMATTAN MALI
Rue 73, Porte 536, Niamakoro,
Cité Unicef, Bamako
Tél. 00 (223) 20205724 / +(223) 76378082
poudiougopaul@yahoo.fr
pp.harmattan@gmail.com

L'HARMATTAN CAMEROUN
BP 11486
Face à la SNI, immeuble Don Bosco
Yaoundé
(00237) 99 76 61 66
harmattancam@yahoo.fr

L'HARMATTAN CÔTE D'IVOIRE
Résidence Karl / cité des arts
Abidjan-Cocody 03 BP 1588 Abidjan 03
(00225) 05 77 87 31
etien_nda@yahoo.fr

L'HARMATTAN BURKINA
Penou Achille Some
Ouagadougou
(+226) 70 26 88 27

L'HARMATTAN SÉNÉGAL
10 VDN en face Mermoz, après le pont de Fann
BP 45034 Dakar Fann
33 825 98 58 / 33 860 9858
senharmattan@gmail.com / senlibraire@gmail.com
www.harmattansenegal.com

L'HARMATTAN BÉNIN
ISOR-BENIN
01 BP 359 COTONOU-RP
Quartier Gbèdjromèdé,
Rue Agbélenco, Lot 1247 I
Tél : 00 229 21 32 53 79
christian_dablaka123@yahoo.fr

Achevé d'imprimer par Corlet Numérique - 14110 Condé-sur-Noireau
N° d'Imprimeur : 125202 - Dépôt légal : janvier 2016 - *Imprimé en France*